VICTOR ADVIELLE

LA

BIBLIOTHÈQUE DE NAPOLÉON

A SAINTE HÉLÈNE

PARIS
LIBRAIRIE LECHEVALIER, 39, quai des Grands Augustins

1894

LA
BIBLIOTHÈQUE DE NAPOLÉON
A SAINTE HÉLÈNE

Du même auteur :

Notices sur Alexandre et Auguste Advielle, d'Arras, soldats de la levée de 1812. Brochure in-8°.

VICTOR ADVIELLE

LA

BIBLIOTHÈQUE DE NAPOLÉON

A SAINTE HÉLÈNE

PARIS
LIBRAIRIE LECHEVALIER, 39, quai des Grands Augustins

1894

Tiré à 300 exemplaires

N° I

Offert à la Bibliothèque Nationale de Paris

V. Advielle

EN 1875, j'habitais la rue du Pont de Lodi, n° 1, à Paris. Dans la même maison demeurait un marchand de vieux papiers nommé Bénit, que tout le commerce a connu. Son magasin, vaste et toujours rempli, était au fond de la cour. C'est là que les libraires des quais déversaient le trop plein de leurs resserres ; c'est là aussi que, des divers points de la capitale, des officiers ministériels et des particuliers faisaient porter les papiers et les livres dont ils voulaient se débarrasser. Bénit achetait presque sans voir, à tant les cent kilos, et du jour au lendemain, sans rien trier, expédiait le tout, en sacs, aux grands marchands qu'il approvisionnait.

C'était une incessante entrée et sortie de marchandises les plus diverses, et de provenances les plus diverses aussi.

De temps en temps, j'allais, en bibliophile intéressé, lui rendre une petite visite ; et chaque fois je rentrais chez moi avec un livre, un parchemin, un autographe offrant quelque intérêt.

Un jour, j'aperçus dans un coin du magasin, un tas de volumes brochés qui avaient fait partie de la bibliothèque de Napoléon à S{to} Hélène. A en juger par les papiers qui s'y trouvaient mêlés, ces volumes venaient du général Bertrand. J'en fis, à la hâte, un paquet que je mis sur la balance, que je payai quelques sous et que je montai de suite dans mon appartement. Puis, je redescendis, pour savoir de qui Bénit tenait ces livres, et s'il en avait d'autres.

Bénit était bien le plus agréable voisin qu'on pût désirer; mais, dès que la question négoce était agitée, il devenait muet comme une carpe : il ne savait pas! il ne se souvenait plus!! il n'avait pas remarqué!!!... En réalité, il ne voulait point parler, parce qu'il avait sans doute appris à ses dépens, que si *la parole est d'argent, le silence est d'or.*

Le cher homme, très certainement, avait souvent acheté des papiers et des livres dérobés aux Dépôts publics; aussi, dès qu'on l'interrogeait, en commerçant prudent qu'il était devenu, il s'esquivait, ce qui valait mieux encore. Je ne pus donc rien tirer de lui; mais je soupçonnai que les sacs, au pied desquels j'avais recueilli ces épaves, étaient pleins de livres, de brochures, de papiers peut-être, provenant aussi de Napoléon et du général Bertrand. J'en ai même la conviction, me souvenant toujours des réticences de Bénit, quand je lui demandais ce qu'il y avait *là-dedans*.

Hélas! tout passa à la *fonte*, après avoir passé par des mains incapables de discerner ce qui est bon de ce qui est mauvais.

De sorte que sur la totalité des volumes vendus, en 1875, par la famille Bertrand, au marchand de vieux papiers de la rue du Pont de Lodi, il n'échappa à la destruction, que ceux que j'ai recueillis et dont voici les titres :

Itinerary of the Morea : being a description of the routes of that Peninsula. By sir W. Gell. London, Martin, 1817, in-8.

Sur le faux titre, ces mots : *l'Empereur Napoléon.* — Au haut du titre, qui est complet, cachet noir aux armes impériales, mais sans mention manuscrite.

La Jeune Aveugle. Imité de l'anglais, par la baronne Isabelle de Montolieu. Paris, Arthus Bertrand, 1819, in-12.

Le haut du titre enlevé. — Dans sa couverture jaune du temps.

Ondine. Conte. Traduit de l'allemand de M. le baron de Lamotte-Fouqué, par la baronne de Montolieu. Paris, Arthus Bertrand, 1819, in-12.

On lit en haut du faux titre, de la main du général Bertrand : « *Donné par l'Emp^r Napoléon au Cte Bertrand* ». — Dans sa couverture rouge du temps.

Maître Etienne, ou les Fermiers et les Châtelains, par le baron de L... Paris, Hubert, 1819, 2 vol. in-12.

Le haut des titres enlevés. — Dans sa couverture verte du temps.

La Bannière noire, ou le Siège de Clagenfurth. Paris, Dentu, 1820, in-12 (tome 1er).

Le haut du titre enlevé ; on y distingue encore quelques bouts de lettres du mot *Napoléon*. — Timbre noir, aux armes impériales. — Sur la couverture, dont la partie supérieure a aussi été enlevée, ces mots à la main : *by lord Bathurts permission* (1). — Dans sa couverture rose du temps, portant imprimés ces mots : « Du magasin de Pigoreau, libraire pour les Romans. »

Charles de Valence, roman historique. Par Mme Louise Dauriat. Paris, Lerouge, 1820, 2 vol. in-12.

En haut du titre de chaque volume ces mots : « *Napoleon from T. V. Holland* » (2), et au-dessous, cachet noir aux armes Impériales.

La Jeune Ursule, conte moral. Par H. Lemaire. Paris, Eymery, 1820, in-18.

Le haut du titre enlevé. — Reste de cachet noir aux armes impériales.

---

(1) Par la permission de lord Bathurts.
(2) Napoléon, venu de T. V. Hollande.

On a remarqué que le haut du titre de plusieurs volumes avait été enlevé; cette mutilation est imputable à l'un des descendants du général Bertrand, à celui qui vendit ces livres, comme papiers sans valeur, en 1875.

Pour l'Empereur Napoléon, ces livres constituaient, il faut bien le reconnaître, une piètre littérature; aussi, n'a-t-il pas ouvert les pages du premier, et s'est-il borné, pour les autres, à les ouvrir avec le doigt. En tout cas, c'étaient pour lui des souvenirs de France !

Je relève dans le catalogue de la librairie Joly, (février 1887), la mention ci-après :

Œuvres complètes de Sainte-Foix. Paris, Duchesne, 1778, 6 vol. in-8, v., port. et fig. de Marillier, rel. médiocre. 15 fr.

Provenant de la Bibliothèque de Napoléon à Sainte-Hélène, avec l'estampille au titre de chaque volume.

C'est encore une épave de cette bibliothèque.

Enfin, un autre libraire a fait figurer dans ses catalogues, cet article non moins curieux :

Notices de livres offerts à Napoléon Ier et à l'impératrice Joséphine, dont la vente publique a été annoncée en 1839, par 3 notices imprimées de 4, 8 et 12 pages. 5 fr.

Ces exemplaires précieux par leur origine, ont été offerts au général Bonaparte, puis à Napoléon Ier, et à l'impératrice Joséphine. Ils sont détaillés avec soin dans un de ces trois catalogues, dont voici l'intitulé : *Notice bibliographique et détaillée sur quelques ouvrages précieux, uniques ou rares, manuscrits, dessins, estampes, plans, etc., etc., provenant des plus riches Bibliothèques de France, achetés depuis 1814, et qui sont à vendre, à l'amiable, à la Librairie Encyclopédique, rue d'Argenteuil, 18.* Cette notice contient la description minutieuse de 34 numéros d'ouvrages dans des conditions exceptionnelles, et la plupart offerts à l'Empereur et à l'Impératrice.

On sait peu de chose de la bibliothèque que Napoléon avait formée pour son usage pendant sa captivité.

Le *Mémorial de Sainte-Hélène* se borne à deux mentions, dont voici la première (20 décembre 1815) :

« On entre à Longwood, par une pièce qui venait d'être bâtie, destinée à servir tout à la fois d'anti-chambre et de salle à manger; de là on passe dans une pièce attenante, dont on avait fait le salon; on entre ensuite dans une troisième fort obscure, en travers sur celles-ci; on l'avait désignée pour recevoir les cartes et les livres de l'Empereur; elle est devenue plus tard la salle à manger. — En tournant à droite, dans cette chambre, on trouvait la porte de l'appartement de l'Empereur... A l'opposite de cet appartement, à l'autre extrémité du bâtiment, était le logement de Madame de

Montholon, de son mari et de son fils, local qui a formé depuis la bibliothèque de l'Empereur. »

Voici la seconde (20 octobre 1816) :

« J'ai passé la journée à l'estimation des livres qu'on a envoyés de Londres, et pour lesquels on a réclamé à l'Empereur une somme énorme. Notre estimation n'a pu en atteindre la moitié.

« Je n'élève assurément aucun doute sur le déboursé fait par le Gouvernement, de la somme qu'il réclame à l'Empereur; mais ayant quelques données sur les marchés de cette nature, je n'hésite pas à prononcer que le libraire en a reçu tout au plus un tiers, peut-être moins encore.

« Du reste, l'inexactitude, l'incurie et des irrégularités manifestes ont présidé à cet envoi, et le caractérisent particulièrement.

« 1º On n'a point envoyé les livres qui ont été demandés, et nous en avons reçu grand nombre qui n'étaient pas sur notre liste de demande.

« 2º Les éditions sont mauvaises, et la plupart des ouvrages évidemment de rebut. Plusieurs sont incomplets et défectueux; c'est un libraire dont on a facilité les intérêts, et nullement quelqu'un qu'on a cherché à satisfaire. A côté de ces ouvrages de rebut, on en trouve d'un luxe très recherché et fort inutile, tels que Gentil Bernard etc., etc. C'est que le libraire favorisé les aura eus en boutique, qu'il a voulu les faire passer, et a ainsi écoulé ce qu'il lui a plu.

« 3° On ne saurait alléguer pour excuser le prix et les éditions, que c'est là tout ce qu'on a pu se procurer à Londres, et c'est pourtant ce qu'on a osé faire. La lenteur mise à exécuter cette commission a laissé cent fois le temps de se pourvoir à Paris, où l'on eut trouvé tout ce qui avait été demandé, d'où l'on n'eut fait venir que ce qui avait été demandé, et où on l'eut obtenu bon et aux vrais prix.

« 4° Les droits énormes d'importation en Angleterre ne sauraient non plus nous être portés raisonnablement en compte, puisque ces livres, achetés pour Sainte Hélène, ont dû être sujets à un *draw-back* (retour), ou même n'auraient pas dû entrer du tout en Angleterre. Quel est donc le simple particulier qui, d'après tous ces motifs, n'aurait à élever de très justes griefs, sur lesquels les tribunaux ne manqueraient pas de prononcer favorablement? Mais tout cela est encore trop bon pour Sainte-Hélène et l'illustre captif sur son sol; lui et les siens demeurent en dehors de toutes lois! »

Qu'adviendra-t-il plus tard de cette bibliothèque formée dans l'exil?

On a vu, par ce qui précède, que pendant son

séjour à l'île de Sainte Hélène, Napoléon avait donné de la main à la main, plusieurs volumes au général Bertrand.

Il dut, nécessairement, donner à d'autres personnes, à Las Cases notamment, quelques nouveautés parisiennes sur lesquelles il se bornait à jeter un coup d'œil.

Les autres volumes restèrent à Longwood, à la disposition de tous, jusqu'à sa mort.

A ce moment le testament de l'Empereur fut ouvert, et l'on apprit qu'il léguait (codicille du 24 avril 1821, 12°) 25,000 francs à Saint-Denis, l'un de ses valets de chambre et le « garde » de ses livres.

Le même testament porte : « Je lègue à mon fils les boîtes, ordres et autres objets, tels qu'argenterie, lit de camp, armes, selles, éperons, vases de ma chapelle, livres, linge, qui a servi à mon corps et à mon usage, conformément à l'état annexé, côté A. » Or, cet État A débute ainsi : « 1° Quatre cents volumes, choisis dans ma bibliothèque, parmi ceux qui ont le plus servi à mon usage; 2° Je charge Saint-Denis de les garder, et de les remettre à mon fils quand il aura seize ans. »

C'est tout ce que les documents nous apprennent de la bibliothèque de Napoléon à Sainte Hélène.

Il est probable que le surplus des quatre cents volumes, fut partagé entre les officiers et les serviteurs de la maison de Longwood, et que c'est ainsi que des volumes, précieux seulement par les souvenirs qu'ils rappellent, se sont trouvés dans la succession du Général Bertrand.

On sait d'ailleurs, qu'outre un legs de 500,000 francs que lui avait fait l'Empereur, le général Comte Bertrand, fut avec Montholon, Marchand et Las Cases, l'un de ses exécuteurs testamentaires, et qu'en cette qualité, il fut chargé de liquider certaines parties de la succession.

Le général Bertrand était aussi dépositaire de divers objets précieux, notamment du nécessaire d'or qui avait servi à l'Empereur, « le matin d'Ulm, Iéna, Eylau, etc. »

Dans *Napoléon en Exil,* du docteur O'Meara, on trouve, à la date du 25 juin 1818, cette douloureuse mention :

« Je suis allé en ville, et j'ai essayé de me procurer une copie des observations sur le discours de lord Bathurst, dont il était arrivé, m'avait-on dit, quelques exemplaires dans l'île. Le capitaine Bunn, du vaisseau *le Mangle,* que je priai de m'aider dans mes recherches, me témoigna combien il était surpris de ma demande, ajoutant qu'aussitôt après son arrivée, sir Hudson Lowe et sir Thomas

Reade avaient pris cinq copies de ce pamphlet, pour en envoyer, disaient-ils, deux ou trois à Longwood, et qu'il les leur avait remises lui-même. Il dit que ces messieurs avaient demandé avec beaucoup d'empressement un détail exact des livres qu'il avait apportés, et s'étaient emparés de tous les ouvrages modernes qui traitaient de politique, et de tous les exemplaires de la *Revue d'Edimbourg*. »

La surveillance sur les livres reçus par Napoléon était, on le voit, des plus rigoureuse.

J'avais pensé qu'une partie de la bibliothèque de Napoléon avait pu rester à Longwood; mais M. le Gouverneur général de l'île, auprès de qui je me suis renseigné, a daigné m'envoyer cette réponse :

« J'ai fait tout mon possible pour vous servir dans ce but; mais je n'ai pas pu trouver aucune trace des livres composant la Bibliothèque... Il paraît que cette Bibliothèque a été envoyée après la mort de Napoléon à la famille Bonaparte, à l'Ile de Corse. Dans les archives du bureau du Gouvernement, j'ai trouvé les listes des articles qui existaient dans les deux maisons de Longwood au moment de la mort de Napoléon Ier; ces listes ne mentionnent ni livres, ni autres articles ayant appartenu à l'Empereur, et c'est presque certain que toute sa propriété personnelle a été rapportée en Europe par les officiers de sa Maison. »

M. Vignaly, avocat, bibliothécaire de la ville d'Ajaccio, m'a fait aussi l'honneur de m'écrire :

« J'ai le regret de vous faire connaître que la Bibliothèque d'Ajaccio ne contient aucun document sur la composition et l'importance de la Bibliothèque de Napoléon Ier à Sainte-Hélène. Je me suis adressé à des personnes possédant des documents particuliers sur Napoléon Ier : leurs recherches, ainsi que celles des Archivistes, communal et départemental, ont été infructueuses. »

A la mort de Napoléon, des Inventaires avaient été dressés; et l'on exécuta ses intentions du mieux qu'on put.

Quant à la bibliothèque, elle fut, dit Quérard, d'abord vendue en bloc à un libraire de Londres, Bossange, qui, après l'avoir *écrémée*, fit vendre le reste aux enchères publiques, dans cette même ville, par un expert qui prit soin de publier un Catalogue, devenu rarissime, mais dont heureusement la Bibliothèque Nationale possède un exemplaire, côté Δ 14229 (1), qui lui vient de la collection Jullien.

---

(1) Huit pages in-8°, la seconde (que je ne reproduis pas), réservée pour les conditions de vente. J'ai cru pouvoir rectifier le texte en plusieurs endroits et mettre partout l'orthographe, négligée quelquefois.

A CATALOGUE

OF THE

LIBRARY

OF

The late EMPEROR NAPOLEON

REMOVED FROM

The Island of St Helena,

BY ORDER OF HIS MAJESTY'S GOVERNMENT.

WHICH WILL BE SOLD BY AUCTION

BY MR. SOTHEBY,

At his House,

WELLINGTON STREET, WATERLOO BRIDGE, STRAND

On WEDNESDAY the 23^d of July, 1823,

at Twelve o' Clock.

To be viewed, and Catalogues had at the place of Sale.

CONDITIONS OF SALE.

J. Compton, Printer, Middle street
Cloth Fair London.

CATALOGUE, &c.

OCTAVO et INFRA.

LOT.

1 Almanach Royal pour 1815 et 1816. — Petit, », 6, 6.

2 Bernardi, sur les Quatre Concordats de M. de Pradt. 1819. — Bureton, », 8, 6.

3 Besenval, ses Mémoires, 4 tom. 1807. — Bohn, 1, 10, 6.

4 Bezout, Cours de Mathématiques, 2 tom. — Bohn, 1, 13, ».

⁎ There is one word written by Napoleon in the volume of *Mecanique*.

5 Bibliothèque de Campagne, ou Amusemens de l'Esprit et du Cœur, 24 tom. 1766. — Stace, 2, 14, ».

6 Bory de St. Vincent, Voyage dans les Iles des Mers d'Afrique, 3 tom. et atlas. — Homdenon, 1, 3, ».

7 Bouillon La Grange, Manuel d'un cours de chimie, 3 tom. 1803. — Komstown, », 16, ».

8 Buffon, Daubenton et Lacépède, His-

TOIRE NATURELLE, avec Notes, par Daudin, Montfort, Latreille, Mirbel, Sue, etc. Ouvrage formant un Cours complet d'Histoire naturelle, rédigé par Somini, 2500 planches, 127 tom. 1798-1807. — Balcroft, 24, 13, 6.

9 Busching, Géographie Universelle, 16 tom. 1785. — Gillhants, 1, 2, ».

10 Chantreau, Voyage dans les trois Royaumes d'Angleterre, d'Ecosse et d'Irlande, en 1788 et 1789, 3 tom. 1792. — Pasch, », 11, ».

11 Chardin, Voyage en Perse, nouv. édit., avec Notes par Langlès, 10 tom. et atlas en fol. — Drane, 4, 3, ».

12 Chaudon et Delandine, Dictionnaire Universel, Historique, Critique et Bibliographique, 20 tom. — Stace, 5, 5, ».

13 Clarendon, Histoire de la Rébellion, 6 tom. *La Haye,* 1709. — Amorol, », 14, ».

14 Clausel de Montals, Réponse aux quatre Concordats de M. de Pradt. — Lurin, », 8, ».

15 Collection Universelle des Mémoires particuliers relatifs à l'Histoire de France, 72 tom. — Bohn, 6, 10, ».

16 — abrégée des Voyages, Anciens et Modernes, autour du Monde, 12 tom. 1808. — Christie, 2, 4, ».

17 Cook, Relation de ses trois Voyages, entre-

pris par Ordre de sa Majesté Britannique, 18 tom. 1789. — Hearne, 2, 2, ».

18 Correspondance Inédite Officielle et Confidentielle de Napoléon Bonaparte, avec les Cours étrangères, les Princes, les Ministres et les Généraux Français et Étrangers, 7 tom. 1819. — Place, 9, », ».

⁎ The volume containing the Italian Campaign has Corrections and References to the MSS. of his Memoirs. Some of the latter have been marked out by Napoleon as not authentic. — At p. 141 are three lines written by him.

21 Deuxième lettre de Martius Vetei, Colonel d'Etat-Major en retraite, à M. le Marquis de Latour-Maubourg. 1820. — », », ».

22 Diderot, la Religieuse. — Christie, », 11, ».

23 Dorat, ses œuvres complètes, 20 tom., *planches*. 1767. — Balcroft, 2, 10, ».

24 Mémoires du Marquis de Feuquières, 4 tom. 1750. — Arnold, », 10, ».

25 Frédéric, Fiévé, 3 tom. — Pasch, », 7, ».

26 Genlis, les Vœux Téméraires, 2 tom. — Ao, », 10, 6.

27 — les Veillées du Château, 3 tom. — Boone, », 18, ».

28 Ginguené, Histoire littéraire d'Italie, 6 tom. 8vo. 1813. — Juerin, 2, 15, ».

29 Goldoni Opere, 31 tom. *half russia*. 1782. — Sale, 4, 4, ».

31 Grimm et Diderot, Correspondance Littraire, Philosophique et Critique, 17 tom. 1813. — Balcroft, 6, 10, ».

32 Haüy, Traité de Minéralogie, 4 tom. *et* 40 *atlas*. 1801. — Pippicg, 2, 6, ».

33 Herbin, Statistique de la France et de ses Colonies, 7 tom. 1803. — Bohn, 1, 4, ».

34 Histoire des Ministres, Favoris, Anciens et Modernes, 1820. — Burin, », 12, »,

35 Hume, Histoire d'Angleterre, 18 tom. 12 mo. 1788. — Huerne, 1, 11, 6.

36 La Croix, Cours de Mathématiques à l'Usage de l'Ecole centrale des Quatre-Nations, 9 tom. 1805. — Reinbeth, 5, 10, ».

*** At the end of the volume which contains the algebra, there are three pages of Calculations by Napoleon.

37 La Harpe, Abrégé de l'Histoire générale des Voyages, avec la nouvelle Continuation. 44 tom. *et* 4to *atlas*. — Bohn, 6, 6, ».

38 — Lycée, ou Cours de Littérature, Ancienne et Moderne, 18 tom. 1815. — Burns, 2, 12, 6.

39 Le Beau, Histoire du Bas Empire, en commençant à Constantin le Grand, 27 tom. — Bohn, 2, 5, ».

41 Levesque, Histoire de Russie, 8 tom. 1800. — Bohn, 1, 7, ».

42 Macartney, Voyage dans l'Intérieur de la

Chine, etc., en 1789, 92 et 93, par Castera, 5 tom. *et atlas.* — Burns, », 14, ».

43 Mackenzie, ses Voyages dans l'Intérieur de l'Amérique septentrionale, en 1789, 92 et 93, par Castera, 3 tom. 1802. — Hinderson. », 7, ».

44 Machiavel, ses Œuvres, trad. par Guiraudet, 9 tom. An. VII. — Hunt, 2, 5, ».

45 Marmontel, ses Œuvres complètes, 32 tom. 1787. — Balecroft, 3, 10, ».

46 Meares, Voyage de la Chine en 1788 et 1789, trad. par Billecocq, 3 tom. *et atlas.* An III. — Bach, 1, 11, 6.

46 Mémoires anecdotiques, pour servir à l'Histoire du règne de Henri IV, Louis XIII, XIV et XV. 8 tom. *Lyon,* 1806. — Burns, 1, 1, ».

48 Mentelle, Malte-Brun et Herbin. Géographie Mathématique, Historique et Politique de toutes les Parties du Monde, 16 tom. *et atlas en fol. half russia.* — Bohn, 3, 6, ».

49 Mercier, Tableau de Paris, 12 tom. 1783. — Anderson, 1, 4, ».

51 Millot, Mémoires Politiques et Militaires de Louis XIV et XV, 6 tom. — Beaufort, », 14, ».

52 Montjoye, Manuscrit trouvé au Mont Pausilyppe, 5 tom. 1805. — Balecroft, », 13, ».

53 — Histoire de quatre Espagnols, 4 tom. 1803. — Pash, », 9· 6.

54 O'Reilly, Annales des Arts et des Manufactures, ou Mémoires sur les Découvertes modernes, etc. 42 tom. — Bohn, 3, 13, 6.

55 Petite Encyclopédie Poétique, 18 tom. 1800. — Halrich, 1. 13, ».

56 Picard, Eugène de Sonneville, et par Guillaume Delorme, 4 tom. — Handerson, », 8, ».

57 Pièces inédites de Voltaire. 1820 (1).

58 Pigault Lebrun. Adelaïde de Moran, 4 tom. 1815. — Handerson, », 3, ».

59 — Barons de Felsheim, 4 tom. 1815. — Moore, », 8, ».

61 — Cent vingt Jours, 4 tom. 1800 (2).

62 — Le Citateur, 2 tom. 1800.

63 — Folie Espagnole, 4 tom. 1808.

64 — Homme à Projets, 4 tom. 1814.

65 — Une Macédoine, 4 tom. 1812.

66 — Monsieur Botte, 4 tom. 1803.

67 — — de Roberville, 4 tom.

68 — Tableaux de Saints, 4 tom.

69 — Famille Luceval, 4 tom. — Heber, », 6, 8 (2).

71 Plutarque, ses Œuvres morales, trad. par Picard, 17 tom. 1783. — Holrich, 1, 10, ».

---

(1) Réuni au n° 58.
(2) Les nos 61 à 69 furent réunis.

72 Pollnitz (Baron de), ses Mémoires, 5 tom. *Franc.*, 1738. — Lewin, », 12, ».

73 Répertoire Général du Théâtre Français, 50 tom. 1813. — Herlinson, 8, 10, 6.

₊ During his captivity, Napoleon amused himself by making Critiques and Observations on Voltaire, Racine, Molière, Corneille, and other French Dramatic Authors: the volumes which contain those just mentioned have evidently been much used by him. Vide *Las Casas' Journal*, vol. III, p. 80.

74 Richardson, Histoire de Miss Clarissa Harlowe, 11 tom. *Cazin*, 1786, — Moore, », 17, ».

75 Riccoboni, ses Œuvres complètes, 10 tom. 1787. — Heber, 1, 15, ».

76 (1) Robertson, Histoire de Charles-Quint, 6 tom. *Amst.* 1788.

77 — d'Ecosse, 4 tom. 1784. — Moore, », 18, ».

78 Sainte Croix, Voyage aux Indes Orientales, etc. 3 tom. 1810. — Bruze, », 16, »,

79 (2) Sainte Foix, ses Œuvres complètes, 6 tom. THICK PAPER, 1778.

81 Satires de Perse, trad. en français, *an* 8. — Sewanston, », 19, ».

82 Schoell, Recueil des Pièces Officielles des-

---

(1) Les nos 76 et 77 urent réunis.
(2) Il y eut aussi réunion des nos 79 et 81 ; le no 80 manque.

tinées à détromper les Français sur les Evènemens qui se sont passés depuis quelques années. — Suite des Pièces relatives aux Evénements de 1815. — Pièces relatives à la Conduite de Bonaparte envers la Prusse. — Relations officielles sur la translation de celui-ci à l'Ile d'Elbe. — Instruction sur la Manière dont il sera traité à Sainte Hélène. — Pièces relatives au Royaume de Naples, 6 tom. 1815. — Burlton, 1, 1, ».

83 Servan, Histoire des Guerres des Gaules et des Français en Italie, 7 tom. 1805. — Thorpe, 10, 10, ».

⁎ This Work is extremely curious, from the circumstance of being the only book (except an odd vol. of the Encyclopædia Britannica) which Napoleon had on board the Bellerophon, during his voyage : the many Notes and Errors in the Work, which are *corrected by himself*, render it exceedingly curious.

84 Spectateur (le), trad. de l'Anglais. 8 tom. *Amst.* 1748. — Pocrill, 1, 5, ».

85 Sterne, la Vie et les Opinions de Tristam Shandy. 4 vol. *Cazin*, 1785. — Moore, », », 14.

86 Thunberg, ses Voyages au Japon, 4 tom. 1796. — Wolnet, 1, 9, ».

87 Vancouver, Voyage à l'Océan Pacifique, 6 tom. *et atlas. An* X. — Murgrave, 1, 10, ».

88 Voisenon, ses Œuvres complètes, 5 tom. *Amst.*, 1781. — Moore, 1, 2, ».

89 Volney, Voyage en Syrie et en Egypte pendant les Années 1783, 4, 5, *maps*, 2 tom. 1799. — Sir Fr. Baker, 53, 4, ».

*** This Work is one of the most interesting Books that has occured for Sale many years. Most persons are aware that Napoleon wrote very little, but dictated to his favourite Generals Bertrand, Montholon, and Count Las Casas. The Egyptian Campaign, which form a part of two volumes, just published, of his Memoirs, have been dictated from these volumes : he has taken notice of the most trifling error in the book; hence the many CORRECTIONS BY HIM. The Plate and page 229, vol. 1, is entirely covered with his hand writing. This unique Book forms an historial document, which will be looked at with a mixture of pleasure and pain by the admirers of so great a man.

90 Voltaire, ses Œuvres choisies, 54 tom. LARGE VELLUM PAPER. *Didot*, 1803. — *Wolriche*, 8, 10, 6.

91 Wood (Roger), Voyage autour du Monde, 1708-11, 2 tom. *Amst.*, 1716. — Lawford, », 10, 6.

QUARTO.

92 Bernard, ses Œuvres, ROYAL VELLUM PAPER. *Proof Impressions of the Plates after Prudhon, red morocco, gilt leaves, silk linings, etc. Paris, Didot*, 1797. — Moore, 1, 11, 6.

93 Bertrand, Description des Arts et Métiers, faites ou approuvées par MM. de l'Académie Royale

de Paris, *avec fig. en taille douce,* 19 tom. 1783.
— Bohn. 3, 10. ».

94 Bruce (Capitaine), ses Voyages aux Sources du Nil, trad. par Castera. 5 vol. *and atlas.* — Bohn, 11, », 6.

.*. The Tracings and Notes on the Map are by Napoleon.

95 Brumoy (Père), Théâtre des Grecs, édit. augmentée par MM. Brotier, Dutheil, *planches,* 13 tom. VELLUM PAPER. *French calf, gilt leaves.* 1785-89. — Lawford, 4, 8, 6.

96 Delambre, Astronomie, Théorique et Pratique, 3 tom. 1814. — Boteler, 2, 2, ».

97 Dentrecasteaux, son Voyage à la Recherche de Lapeyrouse, 2 tom. *Royal 4to, with folio atlas.* — Smith, 2, 19, ».

98 Fénelon, ses Œuvres, 9 tom. *Didot,* 1792. — Wolriche, 4, 4, ».

99 Fourcroy, Système des Connoissances Chimiques, 5 tom. *An.* 9. — Wolriche, 2, », ».

101 Maillac, Histoire générale de la Chine, 12 tom. 1777. — Bohn, 4, 1, ».

102 Orléans (P. Joseph), Histoire des Révolutions d'Espagne, 3 tom. 1734. — Wolriche, 1, 2, ».

103 — Histoire d'Angleterre. *La Haye,* 1729. — Wolriche, », 15, »

104 Pallas, ses Voyages en Russie et dans

l'Asie septentrionale, trad. de l'Allemand, 5 tom. *et atlas.* — Barlyon, 4, 4, ».

105 Phipps, Voyage au Pole Boréal en 1773-1775. — Everill, », », 10.

106 Rapin Thoyras, Histoire d'Angleterre, 10 tom. — Balecroft, 2, », ».

107 Rozier, Cours complet d'Agriculture, *planches,* 12 tom. — Thorpe, 3, 10, ».

108 Strabon, la Géographie, trad. du Grec par du Theil et autres, 3 tom. *royal* 4to. *Paris, Imprimerie Impériale.* — D. d. d., 6, 10, ».

* Napoleon and Las Casas spent much time in studying the early Writers on Egypt, particularly Herodotus, Pliny and Strabo, so much so that he hardly took time to his meals, while he was dictating that part of his Memoirs.

FOLIO.

109 Denon, Voyage en Egypte, *plates,* 2 vol., *russia.* — Drane, 9, 19, 6.

* Some of the plates are torn out, and it contains corrections by Napoleon, and the plan of the battle of Aboukir traced by him.

110 Denon, Voyage en Egypte, *planches,* 2 tom. — Wolriche, 17, 17, ».

* This copy is evidently the one that has been in the habit of travelling whit him; it is bound with large straps and beass clasps.

111 Description de l'Egypte, publiée par Ordre de Napoléon, 2 livraisons; Antiquités, 2 tom. *atlas folio;* Etat moderne, 2 tom. *ditto;* Histoire Naturelle, 2 tom. *ditto;* Atlas général de l'Egypte, 1 tom. *super royal atlas folio,* incomplet, *several plates, etc., having been cut out by Napoleon.* — Bohn, 34, 13, ».

112 Sarpi, Histoire du Concile de Trente, avec Notes par Courayer, 2 tom. 1736. — Bulteritnoth, », 7, 6.

AUTOGRAPHES.

113 A Letter signed by Napoleon.— Halfinson, 1, 5, ».
114   Ditto   ditto.   Sévin. 1, 1, ».
115   Ditto   ditto.   Arnould, 1 2, ».
116   Ditto   ditto.   Rimbault, 1, 6, ».
117   Ditto   ditto.   Skogg, 1. 10, ».
118   Ditto   ditto.   Locrill, 1. 3, ».
119   Ditto   ditto·   Peppis, 1, 16, ».
121   Ditto   ditto.   Rimbolt, 1, 10, ».
122   Ditto   ditto.   Drane, 1, 9, ».
123   Ditto   ditto.   Thorpe, », 18, ».

Ici s'arrête le Catalogue.

Les nos 19, 20, 30, 40, 50, 60, 69, 70, 80, 100, 120, furent supprimés à l'impression, par ordre, sans doute, du Gouvernement anglais.

Un n° est ajouté à la main sur l'exemplaire de la Bibliothèque Nationale :

« 124. Boone, 38, 17, ». C'est un lot. »

Ce Catalogue porte encore ces indications finales :

Total de la vente. . . . 399 — 9 — 6
9986 fr. 55 c.

J'ai pris soin d'indiquer, à la suite de chaque article, toujours d'après le même exemplaire, le nom de l'acquéreur, et le prix d'adjudication en livres sterlings, en shellings et en pences.

On a ainsi la physionomie de la vente du 23 juillet 1823, dont les principaux journaux du temps ont parlé, notamment le *Quérard*, le *Bibliophile français*, l'*Amateur d'autographes*, etc.

De tous ces ouvrages, neuf seulement atteignirent un prix élevé, parce qu'ils étaient annotés par l'Empereur ; le reste fut acheté, par des libraires ou des amateurs, moins pour leur valeur qu'à cause de leur provenance, car il faut reconnaître, avec Quérard, que la bibliothèque venue de Sainte Hélène « ne renfermait rien de remarquable. »

Le général comte Henri Gratien Bertrand (1),

---

(1) Beaucoup d'objets provenant de l'Empereur Napoléon ont été donnés par le général Bertrand au Musée de Châteauroux.

né à Châteauroux le 28 mars 1773, est mort dans cette ville le 31 janvier 1844, laissant cinq enfants, dont quatre fils : Napoléon, filleul de l'Empereur; Arthur, Alphonse, Henri, et une fille devenue Mme Thayer.

Sa Bibliothèque fut aussi dispersée, au moins en partie, car on rencontre souvent dans les ventes publiques des livres qui lui ont appartenu. C'est ainsi que j'ai relevé récemment sur un catalogue de libraire, les mentions ci-après :

Mémoires inédits sur le XVIIIe siècle et la Révolution française, par Mme la comtesse de Genlis. Paris, 1825, 10 vol. in-8, portr., dem.-rel. 30 fr.

Exemplaire ayant fait partie de la bibliothèque du général Bertrand, couvert de notes curieuses, corrections et réflexions piquantes, écrites au crayon rouge par le général lui-même. On trouve à la fin le *Dictionnaire des étiquettes de la Cour*, également annoté.

Mémoires sur Napoléon, le Consulat, l'Empire et la Restauration, par Bourrienne. Paris, 1829, 10 vol. in-8, dem.-rel. anc.   30 fr.

Nombreuses notes et rectifications marginales manuscrites au crayon rouge. Ces notes sont de la main du général Bertrand. L'exemplaire provient, comme l'ouvrage précédent, de sa bibliothèque.

Mémoires d'une femme de qualité sur Louis XVIII, sa cour et son règne (par Damas-Huard,

Malitourne et de Villemarest). Paris, 1829-1830, 6 vol. — Mémoires et souvenirs d'une femme de qualité sur le Consulat et l'Empire. 1830, 4 vol. — Ensemble 10 vol. in-8, dem.-rel. 30 fr.

<small>Nombreuses notes, réflexions, additions et corrections de la main du général Bertrand, faites au crayon rouge.</small>

Quelques années auparavant, M. Charavay, analysait dans sa *Revue des Autographes* (1868, pp. 146 et suiv.), les *Notes* du général Bertrand *sur la Cour de Napoléon*.

Il y avait longtemps qu'on ne parlait plus de Bénit, lorsque vers le mois d'août 1890, les boîtes des bouquinistes de Paris s'emplirent de livres, noircis par le feu, qui provenaient de la Bibliothèque du Palais-Royal.

De cette bibliothèque considérable, il était resté, après l'incendie de 1871, environ quatre mille volumes, en plus ou moins mauvais état, qui furent ainsi offerts, presque pour rien, aux habitués des quais.

Je pris, pour ma part, quatre-vingts volumes environ, les plus propres, parmi lesquels la *Méthode pour étudier l'histoire* de Lenglet Dufresnoy (15 v. renfermant de jolis bois gravés par Beugnet), *Delphine*, de Mme de Staël-Hostein (6 vol.), et toute une série de romans de Mme de Genlis.

La plupart de ces livres, en demi-reliure simple, avaient composé la bibliothèque du prince Jérôme (1), frère de Napoléon Ier, lors de la splendeur impériale; aussi, portaient-ils au dos ou sur les plats le J couronné, attribut bibliographique du Prince.

Quelques-uns, de petit format in-18, plus élégamment reliés, (*Poésies de Lattaignant*, 1810; *Théâtre des auteurs de second ordre*, 1808-9), ont sur les plats, ou un J surmonté d'une couronne de roses, ou les initiales J. C., enlacées, également surmontées d'une semblable couronne. Ce sont les marques de bibliophile du prince Jérôme, devenu roi, et celles de sa femme, la princesse Caroline de Wurtenberg.

Qu'étaient devenus ces livres à la mort du prince Jérôme? En tout cas, ils se retrouvèrent aux mains du prince Jérôme Napoléon (2), son fils, qui y fit apposer, vers 1848 ou 1849, pour *embêter* le prince Louis Napoléon, futur empereur, son cousin, un timbre humide, rouge, portant ces

---

(1) Né le 15 novembre 1784, mort à Paris le 24 juin 1860. Marié à Caroline de Wurtemberg, née en 1783, morte en 1835. Roi de Westphalie, du 1er décembre 1807 au 26 octobre 1813.

(2) Joseph Charles Paul, d'abord prince *de Monfort*, puis prince *Napoléon Bonaparte*, puis prince *Napoléon Jérôme* (surnom et pas nom), né à Trieste le 9 septembre 1822, mort à Rome en 1891.

mots : Bibliothèque du citoyen Napoléon Bonaparte.

Le même timbre se trouve également sur les livres adressés au prince Jérôme Napoléon en ses divers lieux d'exil, ou achetés par lui, et devenus ainsi sa bibliothèque particulière. Plusieurs de ceux-ci ont au dos cette autre marque : N. B. (*Napoléon Bonaparte*); c'étaient probablement les livres à l'usage personnel du prince. J'en possède deux de ce genre : 1º Un *Nouveau Dictionnaire de poche allemand-français*, par l'abbé Mozin, 1817, dont il s'est servi probablement pour ses études, puisqu'il offre, sur l'intérieur de la couverture, cette signature autographe : *Napoléon Bonaparte;* 2º les *Études sur l'Angleterre,* par Léon Faucher, 1825.

Plus tard, quand le *citoyen Napoléon Bonaparte* abandonna sa Carmagnole pour la toge de Sénateur, certains livres, non catalogués encore, ou nouvellement achetés, furent estampillés d'une N rouge, dont le premier jambage est surmonté d'une tête d'aigle arrachée. L'*ex-libris* du Prince, à partir de cette époque, est conforme à ce fer.

Tous ces livres étaient en mauvaise condition; ils furent néanmoins *enlevés* en quelques jours, et plusieurs libraires les ont même annoncés dans leurs catalogues, à titre de curiosités bibliographiques.

Le *Gaulois*, d'ailleurs, avait donné l'éveil; de sorte qu'on vit rôder ces jours là devant les boîtes des bouquinistes les fidèles du parti vaincu, qui, eux aussi, venaient contempler, une dernière fois, les débris d'un incendie allumé par la guerre civile.

Dans mes courses bibliographiques, j'ai recueilli en outre, toujours à titre de souvenirs historiques, plusieurs volumes rappelant le premier et le troisième Empire. Ce sont des livres ayant appartenu en propre à Napoléon 1er (*Explication des ouvrages de peinture... exposés au Musée Napoléon*, 1806) ou glorifiant sa personne et son règne (1); ce sont surtout des livres frappés de l'Aigle ou de l'N Napoléoniens : ces derniers ont même un certain intérêt artistique qui doit les faire rechercher. Le temps, qui raréfie toutes choses, en fixera un jour la valeur.

Je me suis plu, aussi, à rechercher les volumes donnés en prix dans les Lycées, Collèges, Ecoles

---

(1) M. LOUIS BARBIER a publié dans *Le Livre*, année 1883, un trop court article sous ce titre : *Les Bibliothécaires de l'Empereur Napoléon I*er; mais il n'y est point parlé de Sainte Hélène. — M. ROBERT REBOUL, dans son livre : *Les Cartons d'un ancien Bibliothécaire de Marseille* (1875), a fait l'historique des livres emportés en Egypte par Bonaparte. — Enfin on trouve dans *Napoléon, l'homme, le politique*, etc., par ANTOINE GUILLOIS (1889, 2 vol. in-8º), le *Catalogue de la bibliothèque du Cabinet particulier de S. M. l'Empereur et Roi*, aux Tuileries, et le *Catalogue des livres du Cabinet de Trianon*.

ou Institutions quelconques, quand ces livres mentionnent par leurs fers, quelquefois très jolis, qu'ils sont dus à la munificence Impériale.

Du troisième Empire, j'ai notamment un certain nombre de livres, frappés du grand Aigle, qui les rend curieux et précieux, car ils ne tarderont pas à disparaître des ventes, négligés par les uns, méprisés par les autres.

Parmi tous ces livres, rappelant l'épopée Impériale, l'un d'eux mérite surtout d'être décrit; il a pour titre : *Festa del Senato consulente per la Pace di Vienna, e pel ritorno dalla guerra di S. A. I. il principe Vicerè, decretata il giorno 4 novembre 1809, celebrata il giorno 24 febbraio 1810. Milano, 1810, in folio.*

Le livre en lui-même offre peu d'intérêt, on le voit. Mais il est revêtu d'une reliure en soie verte, dont les plats sont ornés d'une large guirlande de feuillage, brodée en argent, et, au centre, d'un grand écusson, aussi brodé en or et argent, portant la couronne antique des princes.

J'ai dit que les livres recueillis par moi en 1875 provenaient de la famille du Général Bertrand. Il se trouvait parmi eux quatorze brochures de ce fidèle compagnon d'exil (*Discours aux Chambres, Programmes électoraux,* etc.), ou qui lui avaient été offerts. Je les ai réunis, respectueusement, en un volume, qui aura un jour, je l'espère, son intérêt bibliographique.

Contraste insuffisant

NF Z 43-120-14

www.ingramcontent.com/pod-product-compliance
Lightning Source LLC
Chambersburg PA
CBHW060502050426
42451CB00009B/784